AF343926

POËME
SUR
LA GUERRE
DE HOLLANDE.

A PARIS,

Chez Sebastien Mabre-Cramoisy, Imprimeur
du Roy, ruë Saint Jacques, aux Cicognes.

M. DC. LXXII.

AVEC PRIVILEGE DE SA MAJESTE'.

POËME
SUR LA GUERRE
DE HOLLANDE.

DORABLE *Soleil, dont le Soleil*
est l'ombre,
Qui vois à découvert l'abisme le plus
sombre,
Qui répans en tous lieux ton immense Grandeur,
Et de l'esprit humain sondes la profondeur,
Je te prends à témoin, que mon cœur plein d'allarmes
Trembloit de voir LOUIS *braver le sort des armes,*
Et que lorsque ce Prince affrontoit le trespas,
J'avois toûjours pour luy la peur qu'il n'avoit pas.
Tant que j'ay ressenti cette frayeur mortelle,
Un silence contraint a combatu mon zele ;
Mais si dans la splendeur d'un succés fortuné,
Tu nous rends le Heros que tu nous as donné,

Et qui vient de domter par ſon bras héroïque
Des puiſſans Hollandois la fiére République,
Fay, que d'un juſte éloge honorant ſa vertu,
Je chante avec l'ardeur dont il a combatu.

    L O U Ï S doñné du Ciel aux deſirs de la France
Juſtifioit les vœux, qu'on fit pour ſa naiſſance;
Il cultivoit les Lys, par ſes Royales mains,
Il aſſûroit la Paix, il regloit les humains;
Au deſtin des beaux Arts il ſe rendoit propice,
Et dans tous ſes deſſeins conſultoit la Juſtice
Qui donne l'ordre au monde, & diſpenſant les Loix
Sur toutes les Vertus eſt la Vertu des Rois,
Quand la Juſtice même, à qui ſon cœur fidelle
Conſacre la valeur, dont il eſt le modelle,
Sous un viſible corps vint paroiſtre à ſes yeux,
Et luy dire en ces mots la volonté des Cieux.

    Prince, qui me preſtant tes forces redoutables
Me rens dans l'Univers la terreur des coupables,
Et hors même des lieux à ton Sceptre ſoumis
Fais craindre mon épée à tous mes ennemis,
La Terre me conſeille, & le Ciel me commande,
D'animer ta valeur à punir la Hollande,
Qui, ſuperbe des biens dont toy-même és l'auteur,
Abuſe des bienfaits contre le Bienfaicteur.
Tes Peres l'ont fait naiſtre, & tu l'as conſervée;
Mais, quoy que par tes mains dans l'honneur élevée
Elle duſt réverer ton génereux pouvoir,
Et ſur ta bonté ſeule établir ſon eſpoir,

En

En mille noirs complots la perfide se fonde ;
Elle trahit ton sort sur la terre & sur l'onde,
Et révoltant l'esprit de cent Peuples divers,
Voudroit contre la France armer tout l'Univers.
Je ne te parle pas de tes propres offenses,
Dont je say que ton cœur méprise les vengeances,
Mais celles qu'on me fait te touchent vivement,
Et voyant que tu suis ce noble sentiment,
Quand par mes Ennemis ma gloire est outragée,
A toy seul j'ay recours, pour en estre vengée.
Venge-moy donc, Grand Roy, puni les attentats
De cét Estat, qui prend le nom même d'Estats.
L'Orgueïl, l'Ingratitude, & l'infame Avarice
De tous mes plus saints droits s'y font un sacrifice,
Se vantent que leur sort n'y peut jamais finir,
Au mépris de mes Loix s'y veulent maintenir,
Y tiennent sous leurs pieds les vertus étouffées,
Et s'y sont érigez trois odieux Trophées,
Qu'ils étalent sans cesse à mes yeux offensez,
Comme des monumens à ma honte dressez.
Il les faut renverser ces Monumens injustes,
Dont ils blessent l'honneur des Noms les plus augustes,
Et qui du monde entier excitant le courroux,
Font accuser le Ciel de leur estre trop doux.
La foudre assez longtemps dans les airs retenuë,
D'un bruit qui les menace, a grondé dans la nuë.
Il est temps qu'elle tombe, & qu'à la fin ton bras,
Par mille traits mortels, tonne sur ces ingrats.

B

Va, marche, fuy ma voix, fay que de tant de crimes
Leurs orgueilleux deftins foient les grandes victimes,
Et que le châtiment de leur temerité
Serve à jamais d'exemple à la Pofterité.

Elle dit; Et LOUIS, qui l'aime, & l'autorife,
Conceût dés ce moment fa fameufe entreprife;
Et pour exécuter le celefte confeil,
Leva foudainement un guerrier appareil.

Un Romain fe vantoit, que s'il frapoit la terre,
Il en feroit fortir, pour le fuivre à la guerre,
De fiéres Legions, par qui fes ennemis,
A fon autorité feroient bientoft foumis.
C'eft ainfi que parloit le fuperbe Pompée,
Qui vit par le fuccés fa vanité trompée.
Qui craignit le Rival qu'il venoit de braver,
Et perdit l'Italie au lieu de la fauver.
Noftre Heros a fait ce qu'un autre ofa dire;
D'un Peuple de foldats il remplit fon Empire,
Et fa royale voix fait de cent regions,
Pour des fuccés vainqueurs fortir des Legions.

On y voit les enfans de cette Ifle feconde,
Dont l'immenfe grandeur a fait un autre monde.
Ils font fiers & hardis, & fur leurs étendards
Flotte pompeufement l'orgueïl des Leopards.

On y voit les enfans de ce climat fauvage,
Dont les Lacs & les Monts font un divers partage,
Fidelles au fervice, au combat affûrez,
De la garde des Rois dés longtemps honorez.

Leur nombre est une armée, & leur troupe aguerrie,
Semble avoir de soldats épuisé leur patrie.
On vous remarque aussi rangez sous nos drapeaux,
Peuples, que l'Eridan abreuve de ses eaux,
Et vous que le Danube en sa premiére course
Sur des flots déja grands éloigne de sa source.
On vous remarque enfin comme éclatant sur eux,
Vous que le Ciel fit naistre en ces climats heureux,
Qui voyez qu'aujourd'huy la France vostre Mere,
Sous le fameux LOUIS si hautement prospere,
Qui le suivez en foule, & marchant sur ses pas,
Montrez que ses Sujets sont ses meilleurs soldats.

Quand il a visité ses troupes assemblées,
D'espoir & de plaisir par cét honneur comblées,
Et paroissant par tout prestes à seconder
La valeur du Heros qui les doit commander,
Il bannit loin de soy l'aveugle impatience,
Il écoute en repos la voix de sa prudence,
Il montre que l'erreur ne nous domine plus,
Et que du cœur François il n'a que les Vertus.
Pendant qu'il regle tout, la Hollande étonnée,
Est comme une victime à la mort condamnée,
Qui voudroit promptement souffrir le coup fatal,
Et l'attente pour elle est un surcroist de mal.
Le dessein en est pris, on va finir ses doutes.
Il est temps, Univers, qu'attentif tu m'écoutes;
Que ta voix en tous lieux réponde également
Aux loüanges d'un Roy ton plus grand ornement,

Et que par tes respects détournant les tempestes,
Tu suives par tes vœux le cours de ses Conquestes.
   LOUIS *de ses Soldats contente les transports,*
Il se met à leur teste, il conduit ce grand Corps,
Et le bruit répandu de sa marche terrible,
Est suivi d'vn projet qui paroist impossible.
De Burik, de Vezel, de Rhimberg, & d'Orsoy
Les ramparts investis par l'invincible Roy
Font voir en même temps quatre celébres Siéges,
Qui dressant à l'Orgueïl d'inévitables piéges,
Le comblent de regret, de honte, de terreur,
Et de son vain espoir luy reprochent l'erreur.

   Tels qu'entre les rochers des Monts de Numidie
Seroient quatre Lions, qu'vne troupe hardie,
Par quatre divers corps de Chasseurs partagez,
Auroit en mesme temps dans leur fort assiégez.
Ils ne pourroient se voir, mais ils pourroient s'entendre
Et malgré leur courage, obligez de se rendre,
Pour montrer que le sort les presse également,
Ils plaindroient leur malheur, par leur rugissement.
   Telles sont les Citez du peril étonnées,
Quand LOUIS *les soumet aux mêmes destinées,*
Et que par ses Guerriers vnis & separez,
Leurs murs d'vn cercle étroit sont ensemble entourez
Du haut de leurs ramparts la voix de leur tonnerre
Gronde de la prison, dont le joug les resserre,
Et par mille regrets qu'enfante la douleur,
De leur commune perte annonce le malheur.

Qui

Qui dépeindra l'ardeur dont le Heros s'anime
Pour le succés heureux de ce projet sublime?
Par vn commun vsage on voyoit autrefois,
Dés qu'vn Siége attiroit la Majesté des Rois,
Que de ces Dieux mortels respectant la presence,
D'vn quartier avec l'autre on faisoit difference;
Et que la *Foudre au loin répandant la terreur,
De la Tente Royale écartoit sa fureur.
Mais LOUIS d'vn tel choix refuse l'avantage,
Vn si juste respect luy paroist vn outrage.
Son quartier est par tout, & son auguste Nom
N'impose point de bride aux fureurs du Canon.
Des traits les plus mortels l'effort le plus terrible,
Menace en vain cette ame à la crainte insensible.
Ny travaux ny perils ne peuvent l'arrester.
Pour ordonner de tout, il veut tout visiter;
Il veut porter l'ardeur de ses pas intrepides
Jusqu'aux lieux les moins seûrs & les plus homicides.
Son courage à toute heure exposant son destin,
De la mort à ses pieds voit tomber le butin,
Et confie vn tresor, le bonheur de la terre,
A l'infidelité du Démon de la Guerre.
  Souvent le cœur d'vn Prince, & le cœur d'vn Sujet,
Dans les mêmes combats n'ont pas le même objet.
Lorsqu'entre l'vn & l'autre vn danger se partage,
Que la mesme avanture exerce leur courage,
Et qu'on les voit ensemble affronter le trespas,
Le peril est commun, mais l'honneur ne l'est pas,

C

Et du Royal Heros la valeur souveraine
Paroist à l'Univers plus pure & plus certaine.
Mille & mille Guerriers, qui vont braver la mort,
N'entrent dans les combats, que pour changer leur sort,
Et marchant à l'envy dans la route commune,
Ils suivent la Vertu, pour trouver la Fortune.
Lorsque la Valeur même accompagne leurs faits,
Elle ne connoist pas la fin de leurs souhaits,
Sans jamais leur donner sa plus belle couronne,
Elle choisit longtemps le prix qu'elle leur donne;
Elle observe leur cœur, pour connoistre leurs vœux,
Et regle à leur amour l'amour qu'elle a pour eux.
Mais un Prince puissant, qui voit sa destinée
Eclatante, paisible, auguste, fortunée,
Qui tient le premier rang parmi les Potentats,
Qui jouït de si beaux & de si grands Estats,
Qui par le droit du sang porte le Diadême,
Quand il suit la valeur, c'est pour la valeur même,
Et de ce noble don par le Ciel revestu,
Il n'a pour son objet que gloire & que vertu.
Si parmi les dangers, où la guerre préside,
Qui hazarde le plus est le plus intrepide,
Il faut donner la palme à ce fameux Vainqueur,
Qui montre que son Sceptre est moindre que son cœur.
Avoir un Trône à perdre, & prodiguer sa vie,
C'est mettre son courage au dessus de l'envie,
C'est remporter le prix entre tous les Guerriers,
Et se couvrir le front du plus beau des Lauriers.

O pompeux ornemens, dont l'éclat l'environne,
Marques de fa Grandeur, Pourpre, Sceptre, Couronne,
En vain vous étalez voftre appareil brillant,
Pour moderer l'ardeur de ce Prince vaillant;
En vain toutes les voix, qui font vos interpretes,
Parlent de ce qu'il eft, & de ce que vous eftes.
Pour retenir fes pas vos foins font fuperflus,
Dés qu'il eft à l'armée, il ne vous connoift plus,
Et par vn noble choix vous préferant la gloire,
Il remporte fur vous fa premiére victoire.

   Aprés ce grand exemple, où les François charmez,
Allument le beau feu, dont ils font animez;
Quel rampart fi mutin, quelle Ville fi fiére
Ofera réfifter à cette ardeur guerriére,
Qui par la force vnie à la rapidité,
Fait prendre à la Victoire vn vol précipité?
Orfoy devant PHILIPPE à fon malheur confulte,
Et d'vn mortel affaut il éprouve l'infulte.
Vezel du fier CONDE' redoute les combats.
Burik cede à TURENNE, & met les armes bas;
Et Rhimberg, qui pouvoit d'vne longue défenfe,
De la plus forte Armée arrefter la puiffance,
Eft par le Grand Monarque en même temps domté,
Et vient de fon Vainqueur implorer la bonté.

   Tout fléchit, tout fuccombe, & ce Roy plein de gloire
Ne fe repofe pas au champ de fa Victoire.

   Quand le fameux Heros recommence fon cours,
Et par de nouveaux faits va fignaler fes jours,

On voit le Monument, dont ces fiéres Provinces
Indignement bravoient la fortune des Princes,
Qui, par leur mauvais fort, voisins de leurs Estats,
Se trouvoient exposez à tous leurs attentats:
L'Orgueïl, qui l'érigea de sa main criminelle,
Prétendoit que la pompe en seroit éternelle,
Et choisit le ciseau des plus sçavans Sculpteurs,
Pour immortaliser ses faits vsurpateurs.

Sur vne Pyramide avec art travaillée
Estoit Munster vaincu, Cologne dépouïllée ;
Cent Princes, qu'on croyoit entendre soupirer,
Et sur eux élevé, prest à les devorer
Le Belgique Lion, dont la Fureur brutale
Dechiroit en lambeaux la Marque Electorale.
Mille Fleuves captifs y soumettoient leurs flots,
Et pour comble d'orgueïl, on y lisoit ces mots,
La Hollande est semblable à Rome Conquerante,
Craignez, Princes & Rois, sa Fortune puissante.
L'Armée à cét objet s'émeût soudainement,
Et par ses bras vengeurs détruit ce monument ;
Son courroux fait tomber ce superbe prodige,
Dont il ne reste plus ny marque ny vestige ;
L'on en cherche la place, & la Posterité
Peut-estre doutera qu'il ait jamais esté.
Des soldats indignez la vengeance échaufée
Vouloit en ce lieu même élever vn Trophée,
Où l'on gravast ce vers, par vn plus juste choix,
Appren, fiére Hollande, à réverer les Rois.

Ils

Ils conjurent LOUIS *d'en permettre l'ouvrage,*
Qui de cette Orgueilleuse abaiſſant le courage,
Parle du châtiment qui va l'humilier;
Et l'empeſche à jamais de pouvoir l'oublier.
Elle s'en ſouviendra, dit ce Roy Magnanime,
Et ſuit en même temps le projet qui l'anime.
Dans le ſein des Eſtats il veut eſtre vainqueur;
Pour leur donner la mort il en cherche le cœur.
Il accroiſt en paſſant leurs celebres diſgraces,
Il prend Rés, Emmeric, & ſoûmet d'autres Places.
Tous ces nouveaux Exploits me voudroient arrêter,
Mais ſi rien ne l'arrête, il le faut imiter.
Il prévient, ou de prés il ſuit la Renommée;
Vers vn Fleuve fameux il mene ſon Armée.
Il s'avance, il arrive, & le Rhein étonné,
D'innombrables Soldats voit ſon bord couronné.
Il le voit, ſans penſer que l'audace les guide
A traverſer ſon cours profond, large, & rapide;
Mais des gouffres de l'Onde en abîmes ouvers,
En vain ſortoit la Mort, ſous mille aſpects divers,
Et ſur les eaux flotante, ou ſur les bords aſſiſe,
De nos braves Guerriers menaçoit l'entrepriſe.
Les dangers à leurs yeux ſe ſont évanoüis,
Chacun dit à ſon cœur, Je ſuis veû de LOUIS.
Les François peuvent tout, quand leur Roy les remarque,
Il eſt beau de mourir ſous les yeux du Monarque,
Et s'il faut que nos jours enfin cedent au ſort;
La Vertu doit choiſir cette honorable mort.

D

Par l'ordre du Heros, dont l'ame vigilante
Est toûjours éclairée, & toûjours agissante,
Le Fleuve sur son bord voit pointer deux Canons,
Dont la fureur éclate en effroyables sons,
Et franchissant le Lit, qui tient l'Onde captive,
Vomit le fer brûlant jusques sur l'autre rive.
Le chemin est ouvert par mille traits lancez,
Et déja, par leurs vœux, les François sont passez.
Des Soldats destinez à frayer ce passage
Le choix petit en nombre, & grand par son courage,
Commence dans le Rhein un cours audacieux,
Et sur l'autre rivage il attache les yeux.
Il y voit tout-à-coup l'Ennemi qui s'avance ;
Un Escadron nombreux s'offre avec assûrance,
Et poussant dans les eaux les armes à la main
Aux François indomtez prétend servir de frein.
Loin de s'en étonner, leur courage redouble ;
Les deux premiers d'entr'eux s'arrêtent, mais sans trouble,
Et par leurs Compagnons, qu'ils avoient précedez,
Ils veulent estre joints, pour estre secondez.
De ces Guerriers unis l'ardeur est soustenuë.
Avec plus de fierté leur marche continuë.
On ne voit point alors que leur bras soit armé
Du rapide instrument par la flamme animé,
Mais le fer qui reluit en leur main menaçante
Au cœur des Ennemis inspire l'épouvante.
Ceux dont l'œil attentif les voit se signaler
Brûlent tous de les suivre, & de les égaler.

D'vn zele impatient ils ont l'ame saisie ;
La Gloire allume en eux sa noble jalousie ;
Au milieu du danger ils cherchent leur repos ;
L'vn à l'envy de l'autre ils entrent dans les flots.
L'vn rencontre le gué, l'autre passe à la nage,
L'vn est frappé d'vn trait, l'autre évite l'orage,
L'vn trouve vn bord vni, l'autre plus occupé
Grimpe sur la hauteur d'vn Rivage escarpé.
L'onde à peine reçoit la foule qui l'agite,
Le Rhein en est couvert, son orgueil s'en irrite,
Il prend pour vn mépris vn si hardi-dessein,
Et ses flots courroucez bouillonnent dans son sein.

    Que ne puis-je nommer ces François dont l'estime
A la gloire demande vn tribut legitime,
Et montrant le peril sous leurs pieds abbatu,
Sollicite mes Vers amans de la Vertu ?
Mon chant déja lassé de sa foible harmonie
N'ose rompre le nœu dont leur gloire est vnie,
Et d'vn effort trop long affranchissant ma voix
Craint de tant de vaillans, ou le nombre, ou le choix.
Mais le juste LOUIS les a dans sa memoire,
Tous leurs Noms distinguez vivront en nostre histoire,
Et d'vn exploit si fier le brillant souvenir,
Fera luire leur gloire aux yeux de l'avenir.

    L'Onde par ces Guerriers à peine est traversée,
Que d'vne autre action ils forment la pensée ;
Ils s'éloignent du Fleuve à leurs armes soumis,
Et marchent en bataille aprés les Ennemis.

Pendant que fur leurs pas ils courent avec joye,
Ainfi que des Lions attirez par la proye,
CONDE', qui de Tolhus veut munir le Château,
Monte fans plus tarder fur vn leger bateau,
Tel que l'Efquif batu par la vague importune,
Qui portoit autrefois Cefar & fa Fortune.
Il alloit recevoir vn ordre fouverain
De ne pas s'engager au paffage du Rhein.
Le Grand LOUIS prévoit l'avanture tragique,
La fuprême Sageffe eft fouvent prophetique.
CONDE' reçoit trop tard l'ordre de ce Heros;
Avant que de l'apprendre il traverfe les Flots;
Il paffe avec fon Fils, jeune & vaillant Achille,
Et tu paffes aufsi, malheureux LONGUEVILLE.
Que dis-je malheureux! excufe ma douleur,
Qui fait tort à ta gloire, en l'appellant malheur.
C'eft nous, & non pas Toy, que noftre cœur déplore;
L'Univers qui t'aimoit, te defiroit encore,
Et le Sang de DUNOIS fit trop fleurir les Lys,
Pour en voir fans regret les reftes abolis.
Quelle ardeur, quel tranfport nous a caufé ta perte!
La caufe en eft cachée, & me fut découverte.
Sans offenfer ton Nom je la puis réveler,
Et ton fort maintenant me permet d'en parler.

A peine il commençoit fa première jeuneffe,
Qu'il vit, ou qu'il crût voir vne augufte Princeffe,
Il la trouva charmante, & faifi de tranfport,
Que voy-je, dit ce Prince? elle répond, la Mort.

La

La Mort, s'écria-t-il; on la dépeint horrible,
Et déja vos attraits rendent mon cœur sensible.
Je la suis, reprit-elle, & vous voyez en moy
Celle de qui le nom fait par tout tant d'effroy.
Ah, qui que vous soyez, mon ame en est ravie,
Dit le Prince, & mon cœur vous préfere à la vie.
Depuis, il la revit, quand l'Escaut & la Lys
Soûmettoient leurs Citez, à l'Empire des Lys.
Il la revit encore en la triste Candie,
Et fit pour l'aller joindre vne course hardie,
Mais elle prit la fuïte, & trompa ses souhaits.
Enfin il la revit plus belle que jamais,
Aprés que le François, par son ardeur guerriére,
Au travers d'vn grand Fleuve eût fourni sa carriére.
Elle ne vouloit pas ravir si promptement
Aux yeux de l'Univers son génereux Amant;
Mais par sa passion elle fut prévenuë,
Il courut l'embrasser aussi-tost qu'il l'eût veüë,
Et cedant à l'amour dont il fut possedé,
Il immiola ses jours sous les yeux de CONDE'.
Mais Toy, CONDE', *brûlant d'vne ardeur Martiale,*
Tu vis couler ton sang dans cette heure fatale;
Ménage mieux ce Sang issu de tant de Rois,
Réserve vn si grand cœur pour les plus grands Exploits;
Regle du brave ANGHIEN *le trop boüillant courage,*
Que tu voyois present à ce mortel orage,
Et rend graces au Ciel, qui bornant ce malheur,
T'a conservé ton Fils digne de ta Valeur.

E

Dans cét évenement préveû par sa prudence,
LOUIS joint la tendresse à la forte constance.
Il aime ses Sujets, il regrete le sang
De CONDE', dont la gloire est digne de son rang.
Du jeune LONGUEVILLE il plaint la destinée,
Il songe à consoler sa Mere infortunée,
Et par son amitié son courroux s'augmentant
Sollicite son cœur, où sans cesse il entend,
Que d'vn si noble sang, le destin de la France,
Contre cette Fureur luy demande vengeance.

Mais quel puissant effort m'emporte en d'autres lieux,
Pour offrir tout d'vn coup l'Ocean à mes yeux?
Quel tumulte plus grand que celuy des orages,
Quelle horreur détruisante & feconde en naufrages,
Quels deluges de feux l'vn à l'autre opposez
Font errer sur la mer des Vaisseaux embrasez?
De l'Empire azuré la campagne est semée
De mille tourbillons de flamme & de fumée,
Et l'on entend vn bruit, dont les vens en fureur,
Ny la Foudre des Cieux n'égalent point l'horreur.
Par mille & mille échos les rochers y répondent.
La Terre s'en émeut, l'Air fremit, les Eaux grondent,
Et les Monstres marins vers leurs gouffres fuyant,
Quelque Antre qui les cache au Tonnerre bruyant,
Craignent incessamment d'en estre les victimes,
Et ne sauroient trouver d'assez profonds abismes;
Effet prodigieux du pouvoir d'vn Heros,
Qui par tant de Vaisseaux domine sur les Flots,

Tandis que sur la Terre vne Armée innombrable
De l'Aurore au Couchant rend son Nom redoutable.
En vain, par ces combats, la Mer vient m'appeller.
Cette foule d'Exploits ne se peut égaler.
Il faut regler mes vœux du grand sujet avides,
Cette Guerre voudroit de longues Eneïdes,
Et nos Neveux vn jour dans ce projet rivaux
La prendront pour sujet de leurs doctes travaux.
Loin de ces Actions sur la Mer dispersées
Aux Exploits de la Terre attachons nos pensées,
Et suivant pas à pas l'invincible LOUIS,
Montrons à l'Univers ses progrés inouïs.

   Une Isle jouïssant de douceurs infinies,
Se reposoit au sein des Provinces-Unies.
Tous ses champs cultivez par les mains de la paix
Surpassoient son espoir, & combloient ses souhaits.
Ses Palais embellis, ses Campagnes ornées
Méprisoient les appas des Isles fortunées,
Et l'Univers jaloux d'vn si charmant séjour,
Voyoit que la Hollande en faisoit son amour.

   Dans ce tranquille lieu, la noire Ingratitude,
Qui des bienfaits receûs trouve le joug trop rude,
Par vn pompeux Trophée en consacroit l'oubli,
Et croyant son pouvoir à jamais établi,
Pour flatter les desirs, qui regnent dans son ame,
S'estoit fait ériger ce Monument infame,
Où son esprit blâmé des moins nobles esprits
Voulut qu'en lettres d'or ces Vers fussent écrits.

Icy triomphe en paix l'Augufte République,
Qui ne doit fon bonheur qu'à fa Force héroïque.
Son bonheur à fa force ! on s'écrie à l'inftant ;
N'eft-ce pas aux François pour elle combatant,
A qui l'Ingrate doit fes jours ferains & calmes,
Et qui l'ont fait dormir à l'ombre de leurs palmes ?
Au deffous de ces Vers, d'autres objets gravez
Offenfoient des Heros fur le Thrône élevez,
Et l'art y prophanant fa plus docte induftrie
Y figuroit des Lys à la fueïlle flétrie,
Des Rofes, dont les feux paroiffoient effacez,
Avec des Léopards ou morts, ou terracez.
    L O U I S rit du deffein, quand il le confidere,
Il en a du mépris, & non de la colere ;
Mais de ce Monument les Soldats irritez,
Pour l'immoler au Ciel fondent de tous coftez,
Et du lâche Trophée abatant l'injuftice,
En font comme de l'autre vn foudain facrifice,
Dont l'exemple fatal avertit mille Forts,
Qu'ils doivent à leur tour ceder à ces tranfports.
    Le Rhein, qui groffiffant fon onde féparée,
Par tant d'énormes bras eft comme vn Briarée,
Voit le plus redouté de tous les Conquerans
Paffer & repaffer fes canaux differens.
L O U I S de plus en plus, par fes faits magnanimes,
Rehauffe les fuccés des armes legitimes,
De Conquefte en Conquefte il s'avance toûjours,
Et de fes grands Exploits il redouble le cours.
Moins

Moins rapide est le trait, dont le Parthe en sa fuïte
D'vn ardent Ennemi réprime la poursuïte,
Moins rapide est le Nil de sa chûte irrité,
Quand du haut des rochers il s'est précipité,
Et moins rapide encore est le feu du Tonnerre,
Quand par l'ordre du Ciel il vient punir la Terre.
Le Temps se méconnoist au milieu de ces faits,
Les plus prompts qu'il ait vûs, & qu'il verra jamais,
Et parmi cés amas de Palmes moissonnées,
Quand il compte ses jours, les prend pour des années.
    Des momens prétieux le Heros ménager
Joint l'amour du travail au mépris du danger.
Tel brave le peril, qui redoute la peine.
LOUIS Sage & Vaillant, Soldat & Capitaine,
Montre plus de Vertus en ses faits merveilleux,
Que la Grece n'en donne aux Heros fabuleux.
Jamais il ne se lasse, & veritable Alcide
Il est infatigable aussi-bien qu'intrepide.
Pendant les durs travaux, & les constans efforts,
Où son ame sublime a captivé son corps,
La Nature ravie, & s'oubliant soy-même,
Se soûtenoit en luy par la valeur suprême,
Qui tenant lieu de tout en ce fameux Heros,
Luy faisoit du sommeil ignorer le repos.
Au sein des Legions que sa splendeur éclaire,
Il répand la chaleur de son feu militaire.
Ame de son armée, il s'offre incessamment
Aux Soldats amoureux de son commandement.

F

Dans la longue fatigue il trouve mille charmes.
Il semble que son corps soit plus dur que ses armes.
Le Lion enflammé, qui dans le Ciel rugit,
Voit que bravant ses traits, à toute heure il agit.
La Lune & le Soleil tour-à-tour le rencontrent,
Et la Nuit & le Jour l'un à l'autre le montrent.
Je ne m'étonne pas de ses progrés divers,
Dont le rapide cours étonne l'Univers,
Quand je vois sa Valeur par la Gloire guidée
De toutes les Vertus à l'envi secondée.
Tandis qu'en mille lieux il s'expose au trépas,
Il fait aller ses Loix, où luy-même n'est pas,
Et sa presence active, ou les ordres qu'il donne,
De succés infinis honorent sa Couronne.

   Les Bastions de Skin, qui sembloit indomté,
Les Murailles d'Arnheim fameux par sa beauté,
Le Fort, dont la hauteur sur Nimegue domine,
Et Nimegue elle-même en vain fiére & mutine,
D'un Peuple malheureux abandonnent la loy,
Et soûmettent leur fort à l'Empire d'un Roy,
Qui de la France accrûë éloignant les Frontiéres,
Remet la Monarchie à ses bornes premiéres.

   Doësbourq surmonté par ce grand Conquerant,
Ne se contente pas qu'on l'admire en courant.
Entre les Forts vaincus, avec tant de vîtesse,
Par le courroux puissant de la main vengeresse,
Il en est dont l'orgueil solidement fondé,
Sous un moindre pouvoir n'auroit jamais cedé ;

Mais le fier Doësbourg en force les surpasse,
Le Prince va luy-même en terracer l'audace,
Malgré ses Boulevars, qui cent fois attaquez,
Soûtinrent tant d'assauts dans l'Histoire marquez.
Quoy qu'en ce dernier siége il eust presqu'une armée,
Pour luy servir de garde en son sein renfermée,
Et quoyque la Nature alliée avec l'Art
De tant d'autres Citez en eust fait le rampart,
Quoyque ses Murs hautains défiant le Tonnerre
Semblent aussi braver les Foudres de la guerre,
Et quoyque ses Fossez creusez jusqu'aux enfers
Dans leur vaste largeur representent des Mers,
Il faut qu'il cede au Bras dont la colere éclate
Sur les tristes Citez de la Hollande ingrate ;
Malheureuses Citez, où mille traits fumans
Allument mille feux & mille embrasemens.
Doësbourg effrayé de ce mortel orage
Par son obéïssance évite le naufrage,
Et plus fort sous l'appuy d'un regne florissant,
Par un heureux malheur s'élève en s'abäissant.
   Sa Garde est desarmée, & ses Troupes guerriéres
De l'Auguste Vainqueur demeurent prisonniéres.
Les autres défenseurs des ramparts assiégez
Dans les mêmes liens sont comme eux engagez.
On ne peut des Captifs nombrer la multitude ;
Toute une Armée aux fers pleure sa servitude,
Et conseille à l'Orgueil de craindre tant d'exploits,
Et de subir le joug du plus puissant des Rois.

Aprés que la Valeur par ses faits est montée,
Plus haut que les Césars ne l'ont jamais portée,
Du Triomphe qu'on doit à son Bras redouté,
Il ne veut que l'honneur de l'avoir merité.
Mais si pour dernier fruit de sa Victoire insigne,
Il vouloit accepter ce prix dont il est digne,
Permettre à sa Vertu l'éclat qu'il luy défend,
Et paroistre en ces lieux dans un Char triomphant,
Telle seroit la Foule aprés ce Char captive,
Qu'elle épouvanteroit nostre veüë attentive,
Et que jamais le sort n'enchaîna tant de mains,
Pour orner l'appareil des Triomphes Romains.

En vain sa Modestie opposée à sa gloire
Veut cacher à nos yeux l'éclat de sa Victoire.
C'est avec plus d'ardeur, c'est avec plus de soin,
Que de ses nobles faits on se rend le témoin.
Avec plus de transport nostre siécle contemple,
Qu'à tous les Souverains sa Valeur sert d'exemple,
Et l'on ne voit que luy, qui dans les champs Guerriers
D'une Royale main moissonne des Lauriers.

Le superbe Sultan, dont l'Empire envelope
Des Royaumes d'Asie, & d'Afrique, & d'Europe,
Est ainsi que LOUIS en la fleur de ses jours,
Mais des Armes pourtant il ne suit point le cours,
Et quoyque des combats la voix de son Prophete,
Pour y porter son cœur, soit l'éternel trompette,
Tous les exploits qu'il fait sont des bruits qu'il apprend;
Belgrade est son séjour, quand Neuhauzel se rend;

Quand

Quand on preſſe Candie, à Valonne il s'arreſte,
Et jamais en perſonne il n'a fait de Conqueſte.
Il pourſuit ardemment les hoſtes des Foreſts,
Pendant que ſon Viſir aſſûre ſes progrés ;
Mais lorſqu'à cette ardeur vn Prince s'abandonne,
Il laiſſe en d'autres mains le poids de ſa Couronne.
La Chaſſe eſt vn plaiſir, & non pas vn métier ;
Le Cœur ne doit jamais s'y donner tout entier ;
Mais puiſque ce plaiſir de la Guerre eſt l'image,
Il faut que de la Guerre il ſoit l'apprentiſſage,
Et qu'vn Prince appuyant ſa propre dignité,
De l'ombre des Combats paſſe à la verité.

Tandis que Doëſbourg tâchoit de ſe défendre,
On rapporte à LOUIS que Zutphen veut ſe rendre,
On luy rapporte aprés, qu'il ne le vouloit plus.
Bornons, dit le Heros, ſes doutes ſuperflus.
Vainement il conſulte au bord du précipice,
Par douceur, ou par force, il faut qu'il obeïſſe.
Pour le Siége à l'inſtant PHILIPPE eſt commandé,
PHILIPPE, dont LOUIS fut par tout ſecondé.
Il ſuit les mouvemens, que le Ciel luy ſuggere,
Il porte dans ſon cœur ſon Ayeul, & ſon Frere,
Et par ces deux Objets à la gloire excité,
Il part, & va punir l'inconſtante Cité.
Elle balance encore, & ne ſe peut réſoudre ;
PHILIPPE à ſes ramparts fait entendre la foudre,
Luy montre que du joug rien ne peut l'affranchir,
Et domtant ſa fierté, la contraint de fléchir.

G

Il entre dans ſes murs, dont la veüe eſt frappée
Des terribles éclairs de ſa vaillante épée,
Qu'il porte haute & nuë, & dont les feux vainqueurs
Eblouïſſant les yeux, épouvantent les cœurs.
  Ces nobles Actions l'vne à l'autre enchaînées,
Qui ſont de la Valeur les ſuites fortunées,
Contraignent les Eſtats punis de leur orgueïl
D'avoüer que leur gloire a trouvé ſon écueïl.
Du valeureux François la force inévitable
En mille lieux divers les preſſe & les accable,
Et le Veſtphalien pourſuivant ſes progrés
En mille lieux encore augmente leurs regrets.
Quel mobile reſſort, quelle vive influence,
D'accomplir tant d'Exploits luy donne la puiſſance,
Et de ce brave Prince autoriſant le cœur,
D'vn Eſtat ſi puiſſant en a fait le Vainqueur?
  Comme vn foible ruiſſeau fait vne courſe obſcure,
Et de ſes eaux à peine on entend le murmure;
Mais quand pour le tirer de cette obſcurité,
Un ſuperbe Torrent luy preſte ſa fierté,
Il réveille auſſitoſt ſon Onde languiſſante,
Il répand la fureur, il ſeme l'épouvante;
Il donne vn grand théatre à ſes flots animez,
Et ſe rend le rival des Fleuves renommez.
  Tel eſt ce Prince heureux, qui dans la Veſtphalie
Tint, malgré ſa vertu, ſa gloire enſevelie,
Tant qu'aux murs de ſa Ville étroitement gêné,
A ſa propre fortune il fut abandonné.

Il voit que le Heros, dont l'appuy l'environne

Le couvre d'un éclat dont luy-même s'étonne,

Luy met en main la foudre, & par de grands exploits

Luy fait representer la puissance des Rois.

Pendant qu'à son courroux LOUIS estoit contraire,

Il fit sur la Hollande un projet temeraire;

Mais tout rit à ses vœux, depuis que son dessein

Fait sous un même nom agir une autre main.

Il vit ses Legions alors mal affermies

Menacer vainement les Villes ennemies,

Et maintenant il voit par ses armes domtez

Et Deventer, & Grol, & cent autres Citez.

De tant de Forts divers la Conqueste soudaine

Fait que l'Issel soûmis rend hommage à la Seine.

D'autres Ramparts vaincus forcent aussi le Vâl

D'en estre le sujet, & non pas le rival.

Enfin dans les progrés du plus vaillant des Princes

Je laisse les Citez, je compte par Provinces,

Je confons des Exploits qu'il faudroit démêler,

Et j'entasse un Tresor que je veux étaler,

Des Villes & des Forts la foule assujettie,

Dont à peine mes Vers on dit une partie,

Paroîtra fabuleuse aux siécles à venir,

Et de l'âge present lasse le souvenir.

Malgré tant de travaux l'Armée est toûjours forte,

On se fait des plaisirs des peines qu'on supporte;

Tout se maintient pour plaire au Monarque des Lis,

Et quels Cœurs par la paix si longtemps amollis

Ne conceuroient l'amour du métier de la guerre,
En voyant ce grand Roy, le premier de la terre,
Qui suit de la Vertu le penible sentier,
Qui va par tout son Camp de quartier en quartier,
Rendant jusqu'aux Soldats sa grandeur familiére,
Tout baigné de sueur, tout couvert de poußiére,
Coloré de l'éclat d'vne ardente chaleur,
Armé le plus souvent de sa seule Valeur,
Monté sur vn cheval plus fier que Bucephale,
Qui connoist les desirs de cette Ame Royale,
Et rongeant vn frein d'or, d'vn courroux écumant,
Appelle les combats par son hannißement ?

    Mais des Estats confus les Troupes futigives,
Des Fleuves qu'ils gardoient abandonnent les rives,
Et des Marais hideux sollicitant l'horreur,
Vont avec les Serpens y cacher leur terreur.
Ils craignent le combat que le Heros souhaite,
Toûjours d'vn poste à l'autre ils poußent leur retraite,
Et ne peuvent plus füir, qu'en se précipitant
Dans les gouffres profonds de l'Empire flotant.

    Pour comble de malheur Amsterdam craint sa perte.
Il ne voit point de route à son commerce ouverte,
Et dans l'extrémité qui le fait soûpirer,
N'a que des flots salez pour se desalterer.
Par vn affreux supplice il brûle en ses murailles,
Un monstre devorant luy ronge les entrailles;
Ses plus rares tresors luy sont moins prétieux,
Qu'vn élement commun qu'on trouve en mille lieux.

De

De la cruelle Faim la Sœur non moins cruelle
Luy cause incessamment vne langueur mortelle ;
La Soif le fait mourir dans le milieu des eaux,
Il appelle au secours ses fidelles Vaisseaux,
Qui ne cherchent plus l'or, mais pour finir ses peines
Aux Mines qu'ils aimoient préferent les Fontaines.

    La Hollande arrivée au comble de ses maux,
Dans toutes ses Citez redoute des assauts.
Contre tant de terreurs où sera son refuge ?
Pour estre inaccessible, elle cherche vn deluge.
Son aveugle fureur déregle ses souhaits,
Et met les châtimens au nombre des bienfaits.
Aux Imprécations ses desirs sont semblables,
Elle fait mille vœux pour des maux redoutables,
Elle invoque la Nuë en son malheur pressant,
Et le Ciel irrité se venge en l'exauçant.
Il ouvre le tresor de ces volages Ondes,
Qui font avec les vens des courses vagabondes ;
Et qui par vn prodige offrent à l'Univers
Des Fleuves suspendus dans le milieu des airs.
Dans ces Flots débordez la Hollande se noye,
Son mortel desespoir en ressent quelque joye,
Elle plonge la teste en ces gouffres affreux,
Elle y pleure l'horreur de son sort malheureux,
Et pour estre à couvert de la fureur des armes,
Elle accroist ces torrens par celuy de ses larmes.

    En ce terme fatal de ses prosperitez,
Qui ne plaindroit ses maux, quoyque tant meritez ?

H

La voix de la pitié sollicite sa grace,
La crainte & le respect succedent à l'audace,
Et son triste destin, d'vn œil humilié,
Voit les Ambassadeurs du Monarque allié.

Ils vont trouver LOUIS, que la sagesse inspire,
Et qui luy seul chargé du soin de son Empire
De son gouvernement se réserve le fond,
Et leur montre vn esprit vaste, fort, & profond.
Ils sont charmez de voir cette vive lumiére,
Qui jointe dans son ame avec l'ardeur guerriére,
Fait juger que son cœur de tous les dons orné,
Maintiendra constamment son destin fortuné.

Mille Princes prudens ont manqué de vaillance,
Mille Princes vaillans ont manqué de prudence,
Et souvent on a veû nòs Rois les plus fameux,
Par ce dernier defaut trahir leurs propres Vœux.
Mais nous voyons l'effet d'vn Oracle celeste,
Que la France receût en sa douleur funeste,
Lorsque tous ses progrês, par des pertes suivis,
Estoient à son pouvoir soudainement ravis.

Ainsi, dit-elle alors, la Fortune me joüe,
Charles qui vient de vaincre au combat de Fornoüe,
Dans son rapide cours n'a donc fait des progrês,
Que pour me replonger en de tristes regrets?
Sa Force est justement aux Torrens comparée,
Elle en a l'inconstance, & la courte durée.
Que sert de conquerir, pour ne pas conserver?
S'élever, & décheoir, ce n'est pas s'élever.

Charles
VIII.

Ce que le Temps me donne, außitost il me l'oste,
Et toûjours ma difgrace est jointe à quelque faute,
Qui me foûmet fans ceffe aux triftes accidens,
Par la temerité des Confeils imprudens.

Quand de cette douleur elle avoit l'ame atteinte,
L'Ange fon protecteur vint appaifer fa plainte,
Et pour la confoler, luy promit le Heros,
Qui maintenant luy donne vn glorieux repos,
Qui par mille fuccés la rendant fortunée,
Au comble de l'honneur porte fa destinée,
Et des regnes paffez, réparant le malheur,
Joint la haute fageffe à la haute valeur.

Confole-toy, dit-il, France du Ciel cherie,
Qui des hommes vaillans fus toûjours la patrie,
Et qui de tes Exploits ne gardant que le bruit,
Vois qu'vn Démon jaloux t'en dérobe le fruit.
Un Roy t'est destiné, dont la Vertu folide
Servant à tes destins de fupport & de guide,
En bornera l'erreur & l'instabilité,
Et les rendra constans dans leur felicité.
Il faura conquerir, & fes palmes fecondes
Prendront aux lieux conquis des racines profondes,
Qui du Bras ennemy dédaigneront l'effort,
Et les affranchiront des injures du fort.
Avant que d'embraffer cette gloire certaine,
Il te faut effuyer plus d'vn fiécle de peine;
Voir longtemps loin de toy le repos fugitif,
Un de tes Rois encore en la Guerre captif,   François I.

Le feu de la Discorde allumé dans tes Villes,
Et toutes les fureurs des tempestes civiles.
Mais parmy tant de maux, releve ton espoir
A l'objet des grandeurs que je te fais prévoir;
Commence à triompher des victoires futures,
Et du Roy que j'annonce atten les avantures,
Où par vn long bonheur tes souhaits exaucez,
Perdront le souvenir de tes malheurs passez.
Ce Prince juste, sage, heureux, bon, magnanime
De la Terre charmée épuisera l'estime.
Son Regne sans pareil pourra seul enseigner
Tous les divers secrets du grand Art de regner.
Les Fiéres Nations par son Bras surmontées
Aimeront ce Vainqueur qui les aura domtées.
Quand des Peuples mutins par l'orgueïl abusez,
Se feront vainement à sa gloire opposez,
Ces mortels abatus des traits de son tonnerre,
Eteindront par leurs pleurs le flambeau de la Guerre,
Et pour fléchir son cœur justement irrité,
Imploreront la Paix, fille de sa Bonté.
Le Ciel par ce grand Don veut témoigner qu'il t'aime,
Le Ciel te le prépare avec vn soin extrême.
Il fait vn vaste amas de ses riches tresors,
Pour embellir son ame, & pour orner son corps,
Et dans ce grand Heros tant de graces assemble,
Qu'en luy seul tu verras tous les Heros ensemble.

Louïs XII.   *LOUIS sera son Nom, mais deux illustres Rois,*
Loüis XIII.   *Sous ce Nom avant luy te donneront des Loix.*

Par

Par ces divins propos la France consolée,
Connut à quelle gloire elle estoit appellée.
D'un si parfait Monarque elle attendit les jours,
Dont maintenant charmée elle admire le cours;
Elle éprouve, en voyant son regne inimitable,
Qu'un Oracle celeste est toûjours veritable.
Elle possede un Roy brave, heureux, triomphant,
Qui l'aime, la soûtient, la venge, la defend,
Fait confirmer aux Cieux sa durée immortelle,
Et rend les Lis si chers à l'Univers fidelle.

   L'Eglise voit enfin ses Tyrans confondus,
Et dans le sein des murs, ou forcez, ou rendus,
Un Prince revêtu de la Pourpre Romaine
Fait gemir à son tour l'Heresie inhumaine,
Et remet avec pompe en leur premier honneur
Les Autels prophanez des Temples du Seigneur.
Sans aimer les Lauriers, qui couronnent sa teste,
LOUIS en cét objet, comme en sa fin s'arreste.
Pareil à Charlemagne, Ayeul de ses Ayeux,
Il établit par tout le vray culte des Cieux,
Il consacre à la Foy son invincible Armée,
Comme Liberateur de l'Eglise opprimée,
Il en seche les pleurs, il en brise les fers,
Et protegé du Ciel triomphe des Enfers.

   Utrecht voit ce triomphe; & la pompe sacrée
Dans son Auguste Temple en foule celebrée
D'innombrables Chrétiens exauçant les desirs,
En des larmes de joye a changé leurs soûpirs.

I

Tu seras, il est temps, la fin de ma carriére,
Quoyque tu ne sois pas la Conqueste derniére,
Ville amante des Lis, noble & sage Cité,
Qui laissant la Hollande à son sort irrité,
Dois goûter à jamais le fruit de ta Prudence,
Et trouver ton salut dans ton obéissance.
Elle voit son destin couronné de splendeur,
Elle voit sa beauté jointe avec la grandeur,
Elle est solidement comme au centre placée ,
Et de tous les costez par ses Sœurs embrassée.
C'est dans cette Cité, que la Rebellion
Dans le siécle dernier forma cette union,
Qui des fiers Espagnols soûtenant les tempestes,
Leur opposa toûjours vne Hydre à mille testes,
Epuisa leur Empire avec effort luttant,
Et de tous les Estats lassa le plus constant.
Mais si leurs Rois contre eux manquerent de puissance,
Un autre plus grand Roy force leur résistance,
Les fait vaincre, & domter, & par son ascendant
D'vn Sceptre sans égal rend leur sort dépendant.
D'Utrecht bien inspiré l'hommage est volontaire,
Et montre à la Hollande vn chemin salutaire.
Entre mille Conseils l'Estat est suspendu,
Par la perte d'Utrecht tout croit estre perdu.

    A ce bruit l'Avarice en grands crimes feconde,
Qui vouloit vsurper la dépouille du Monde,
Et par mille Vaisseaux enrichissant ses Ports,
De l'vne & de l'autre Indé amassoit les tresors,

Vit tomber son Trophée, où ses desirs immenses
Du Ciel qui la condamne excitoient les vengeances.
Elle l'avoit dressé parmy tant de Ramparts,
Qu'il sembloit toûjours estre à couvert des hazars.
Il est tombé pourtant, sans attendre la foudre,
Et la seule terreur l'a seû réduire en poudre.
    L'Art y regnoit par tout, en exposant aux yeux
Des avares desseins le champ ambitieux.
Là paroissoit l'Afrique en sa noirceur brûlée,
Là paroissoit la Chine à l'Europe égalée,
Là paroissoit aussi d'un air plein de fierté
Le Japon ennemi de l'Hospitalité,
Et l'Amerique même en son habit sauvage,
De ce pompeux Trophée embellissoit l'ouvrage.
La Hollande au milieu jettoit de toutes parts
Sur leurs divers tresors ses avides regards;
Et foulant une Sphere à demi renversée,
Exprimoit en ces Vers l'excés de sa pensée.
Par mon Commerce heureux je fais par tout la loy,
Si l'Univers est riche, il ne l'est que pour moy.
    Quelle confusion suit enfin ce grand faste?
Le desespoir succede à son dessein si vaste;
Elle ne prétend plus à de si hauts destins;
Elle est livrée en proye aux troubles intestins;
Elle craint de tout perdre, & d'estre anéantie
Dans le mépris obscur dont elle estoit sortie.
Aprés le prompt succés de tant de fiers assauts,
Elle voit s'élever l'Heritier des Nassaux,

Qui du fatal naufrage envahissant les restes,
Annonce à des Ingrats des vengeances funestes,
Qui ne peut oublier tant d'outrages soufferts,
Et tient ses Ennemis engagez dans ses fers.
Si de leur triste sort il est l'unique arbitre,
Le nom de Republique est pour eux un vain titre.
Du rang & des honneurs, qu'ils avoient possedez,
Ils n'ont que le regret d'en estre dégradez.
La Fortune avec eux vient de faire divorce,
Ils ont perdu leur gloire, ils ont perdu leur force;
Ils se sont éclipsez à l'éclat des François,
Et l'Ouvrage d'un siécle est détruit en un mois.
Terrible évenement, dont la longue mémoire,
Pour instruire le monde enrichira l'Histoire,
Et qui faisant trembler les vaines Passions,
Doit en l'âge suivant apprendre aux Nations,
Que sur le juste appuy du Trône de la France,
Il faut dans l'Univers fonder son esperance,
Affranchir les bienfaits de l'oubly criminel,
Et porter à nos Rois un respect éternel.

   Tous ces Rois, ô LOUIS, destinez à ta Race,
N'auront plus à punir l'injurieuse Audace.
Ton Exemple à jamais rendra leur Sceptre heureux,
Et Tu viens de combatre, & de vaincre pour eux.
Ta fortune, tes soins, ton cœur, & ta conduite
Auront dans l'avenir une immortelle suite,
Et fondant le repos, la justice, & l'honneur
Feront naistre aprés eux des siécles de bonheur.

Souffre

Souffre donc, grand Heros, dont l'éclatante vie
Remplit tout de terreur, ou d'amour, ou d'envie,
Dont le cœur & l'esprit, de cent dons revestus,
Sont les Temples vivans des sublimes Vertus;
Et dont le nom semé sur la terre & sur l'onde,
Ne borne sa grandeur que des bornes du monde;
Souffre que desormais d'vne commune voix
On t'éleve au dessus du plus fameux des Rois.
Alexandre est le Nom le plus cher à la Gloire;
Mais quoyque triomphant au char de la Victoire,
Ce Prince, comme Toy, dans ses progrés courant,
D'vn Empire plus vaste ait esté Conquerant,
Il n'a jamais soûmis tant d'imprenables Villes,
Ses conquestes d'Asie estoient moins difficiles,
Et dans son cours si long par l'Histoire observé
Il trouva moins de Forts que Tu n'en as trouvé.
En ce comble d'honneur, ta Vertu couronnée,
Par vn celeste aiman traisne ma destinée,
Et du fond de mon cœur à tes charmes sujet
Bannit tous les pensers, dont tu n'es point l'objet.
Parmi tant de travaux, & de penibles veilles,
Où de tes Actions les augustes merveilles
D'vn feu perpetuel embrasent mes esprits,
Voy ce nouvel essay pour ta gloire entrepris,
Voy les derniers succés, qui couronnent tes armes,
Voy tes mortels perils, source de nos allarmes,
L'Orgueil, d'vn Peuple ingrat, rangé dans le devoir,
Le Rhein, le Vâl, l'Issel, soûmis à ton pouvoir,

K

Et revenu vainqueur dans la France charmée,
Plus grand que tous nos vœux, & que ta Renommée,
Appellant ta Bonté, qui protege les Arts,
Reçoy, puissant Monarque, aprés tant de haZards,
Ce Crayon, où j'ay peint ta Valeur infinie,
Et que je viens offrir à ton divin Genie,
Qui par son Jugement, & son Autorité,
Est le Dispensateur de l'Immortalité.

CASSAGNES,
De l'Academie Françoise.

AU LECTEUR.

L'ART de la Poëſie ſuppoſe la connoiſſance de la Rhetorique, qui en expliquant les divers ornemens du Langage, parle d'vne Figure fort conſiderable, & à laquelle pourtant les hommes n'ont point encore aſſigné de nom particulier. Elle conſiſte à donner des corps aux choſes ſpirituelles, & à repreſenter comme des perſonnes les vertus, les vices, les paſſions, & pour tout dire en vn mot, les ſentimens de noſtre ame, ou les idées de noſtre eſprit. Pluſieurs la confondent avec la Proſopopée, trompez ſans doute par l'Etymologie ; mais elles ſont differentes, & Quintilien n'a pas manqué de les diſtinguer. Lorſque Ciceron introduit l'aveugle Appius faiſant des reproches à l'vn de ſes deſcendans de ſa mauvaiſe conduite, c'eſt vne Proſopopée ; mais lorſqu'il introduit la Republique, & qu'il la fait parler contre Catilina, qui la vouloit détruire, c'eſt-là cette autre Figure, dont il s'agit icy, parce que la Republique n'eſt pas vne perſonne, & qu'il faut que l'imagination s'y meſle, pour luy donner ce charactere. Il en eſt de même de Virgile, dans l'introduction d'Anchiſe, & dans celle de la Renommée. Or cette Figure, quand elle eſt employée dans les Vers, devient partie du ſujet, *Pars argumenti Poëtici*, comme remarque judicieuſement Scaliger. Elle entre dans le Poëme, non comme ſimple ornement, mais comme membre de ce corps; & paſſe de la partie de l'Art, qui s'appelle Elocution, dans cette autre partie, qui est appellée Invention, & qu'il faut considerer comme l'ame de la Poësie. On a souvent demandé si Lucain est Poëte; & il faut demeurer d'accord qu'il l'est, du moins dans l'endroit de son Ouvrage, où il introduit Rome, ou l'Italie parlant à Cesar. Ce Principe que nous venons d'établir fera aisément reconnoistre la difference qu'il y a entre les trois sortes de Langages, le Langage Commun, le Langage Oratoire, & le Langage Poëtique; & j'en tireray l'exemple du Poëme que je donne au Public, pour tâcher de rendre raison de mon travail, par les regles de l'Art. Le Langage Commun diroit simplement qu'il estoit juste que le Roy fist la guerre contre la Hollande. L'Eloquence s'exprimant d'vne maniére figurée, diroit que la Justice a conseillé au Roy cette Guerre. La Poësie va plus loin encore; & empruntant cette idée de l'Eloquence, elle l'arreste, & la fixe: elle la rend corporelle & visible; elle fait de la Justice vne personne, & la represente comme donnant elle-même ce conseil. Il est à remarquer que l'introduction de ces Personnes morales ne renferme pas necessairement en soy vne idée de Paganisme, & rien n'empesche qu'on ne les puisse employer dans les Ouvrages, qu'on ne veut point tourner du costé de la Fable ancienne. On en voit vne infinité d'exemples dans le Recueil des premiers Poëtes Chrétiens; & d'ailleurs les Figures des Livres Sacrez nous autorisent dans cét vsage. Le rapport que nous venons de remarquer entre la Prosopopée, & cette autre Figure dont nous avons parlé, se trouve aussi à peu prés entre la Metaphore, & l'Allegorie. Un Orateur, pour faire entendre que les Hollandois

estoient

estoient vn Peuple superbe, ingrat, & avare, pourroit fort bien dire dans vn discours d'Eloquence, que l'Orgueïl, l'Ingratitude, & l'Avarice, s'estoient érigé des Trophées dans la Hollande; mais il s'arrêteroit-là, & ne porteroit pas plus loin la Métaphore. Le Poëte beaucoup plus hardi se trouveroit trop gêné, s'il demeuroit captif dans ces bornes. Il passe dans vne Allegorie continüée; il se rend, pour ainsi dire, Architecte, il bastit ces Trophées de ses mains, il emprunte le ciseau de la Sculpture, pour y graver des Figures & des Inscriptions, & par ce moyen non seulement il orne son sujet, mais il l'invente, & le produit. Comme l'introduction de la Justice dans cét Ouvrage ne regarde que le motif de l'Action du Roy, elle n'a dû se trouver qu'au commencement du Poëme; mais on fait regner l'autre invention depuis le commencement jusqu'à la fin, parce qu'elle regarde l'Action même; d'où vient qu'on s'y estoit engagé par ce Vers,

Et s'y sont érigé trois odieux Trophées.

Et par cét autre,

Il les faut renverser ces Monumens injustes.

Si aprés cela on eust manqué de suivre ce plan qu'on avoit formé, on seroit tombé dans la faute de celuy,

Qui variare cupit rem prodigialiter vnam.

En effet, il importe extrêmement de savoir en quels endroits la variété doit estre placée; & il faut tenir pour maxime, soit en Poësie, soit en Eloquence, que l'invention, qui regarde le corps même du sujet, ne doit pas se proposer de le diversifier, mais

L

au contraire, de le refferrer, & de le joindre; de le rendre le plus fimple qu'il eft capable de l'eftre, & de le renfermer, autant qu'il eft poffible, dans l'vnité.

Denique fit quod vis fimplex dumtaxat & vnum.

Il faudroit trop de temps, pour rapporter les raifons fur lefquelles cette importante maxime eft établie; & je me contenteray de dire encore icy, que les deux autres Fictions, qui fe trouvent en ce Poëme par maniére d'Epifodes, fe peuvent en partie rapporter aux mêmes fources que nous avons marquées. Car en parlant de la mort de Monfieur de Longueville, on fait paffer en Allegorie ces Metaphores communes, *Voir la mort prefente*, & *Mourir d'vne belle mort;* & dans cette prédiction qu'on fuppofe avoir efté faite du temps de Charles Huitiéme, la France eft reprefentée comme vne Perfonne. Voilà en peu de mots fur quoy j'ay fondé l'œconomie de cét Ouvrage. Peuteftre que je me trompe dans mes Principes; mais il m'a toûjours femblé, que rien n'eft plus à defirer dans les Poëmes, qu'vne fage difpenfation de l'Allegorie, & de cette noble Figure qui anime les Idées. C'eftlà, felon mon jugement, vne des plus grandes fources, où il faut puifer l'Invention, fur tout, quand on veut toucher des fujets héroïques, dont l'Hiftoire eft prefente; car alors on eft obligé de fuivre la verité des Actions, qui viennent d'eftre faites; & quand il feroit permis de s'en éloigner, il ne feroit pas toûjours à propos de fe fervir de cette liberté, de peur de faire perdre de veüë la fuite de ces grands Exploits, & d'en noyer la beauté dans vn amas exceffif d'imaginations fabuleufes. Ainfi ces

réflexions m'ont femblé en quelque forte neceffaires;
& fi elles font inutiles à ces hommes favans', qui font
l'honneur des Lettres en ce Royaume, & qui éclai-
rent les autres de leurs lumiéres , elles pourront
peuteftre fervir de quelque chofe à ceux qui com-
mencent leurs Etudes dans les beaux Arts, & qui
eftant nez avec vn heureux genie , conçoivent déja
le defir de celebrer la gloire du plus Grand Monarque de la Terre.

EXTRAIT DU PRIVILEGE
du Roy.

Par Lettres Patentes du Roy, données à Verfailles le 29. Se-
ptembre 1672. fcellées du grand Sceau de cire jaune , & fi-
gnées, Le Normant, il eft permis à Sebastien Mabre-
Cramoisy, Imprimeur de Sa Majefté, d'imprimer le *Poëme fur*
la Guerre de Hollande, & ce pendant le temps de cinq ans. Avec dé-
fenfes, &c.

9 782329 292106